やさしくわかるデジタル時代の

情報モラル 4

SNS編

光・共著

技術評論社

はじめに

インターネットは情報化社会《じょうほうかしゃかい》において必要不可欠《ひつようふかけつ》なものになっています。大人《おとな》だけでなく子《こ》どもにも、学習《がくしゅう》、仕事《しごと》、家庭《かてい》など、広範囲《こうはんい》に利用《りよう》されています。一方《いっぽう》、スマートフォンやパソコンなどのインターネット端末《たんまつ》やそのサービスの使用《しよう》に際《さい》しては、ルールを守《まも》り、基本的《きほんてき》な技術《ぎじゅつ》を理解《りかい》する必要《ひつよう》があります。インターネットを通《つう》じたさまざまなサービスは便利《べんり》である反面《はんめん》、使《つか》い方《かた》を誤《あやま》ると、危険《きけん》にさらされることを知《し》っておく必要《ひつよう》があります。

本書《ほんしょ》は、これからスマートフォンやパソコンなどのインターネット機器《きき》を使《つか》う人《ひと》だけでなく、すでに使《つか》っている人《ひと》も情報《じょうほう》モラルを学習《がくしゅう》できるように編集《へんしゅう》しています。本書《ほんしょ》の特徴《とくちょう》として次《つぎ》の点《てん》を挙《あ》げることができます。

・情報《じょうほう》モラルの基本概念《きほんがいねん》を理解《りかい》できる
・情報《じょうほう》モラルを知《し》る上《うえ》で必要《ひつよう》な基本技術《きほんぎじゅつ》を理解《りかい》できる
・具体例《ぐたいれい》が図表《ずひょう》とともに解説《かいせつ》されている
・知《し》っておきたい関連知識《かんれんちしき》がコラムに記載《きさい》されている
・総《そう》ルビで読《よ》みやすい形式《けいしき》になっている

SNS《エスエヌエス》 編《へん》では、SNS《エスエヌエス》 の種類《しゅるい》や特徴《とくちょう》、モラルやしくみ、注意《ちゅうい》したいことについて解説《かいせつ》しています。これらを理解《りかい》することにより、さまざまな SNS《エスエヌエス》 を利用《りよう》する上《うえ》で便利《べんり》で安全《あんぜん》なコミュニケーションを行《おこな》うことができます。

インターネットを中心《ちゅうしん》とした情報技術《じょうほうぎじゅつ》は今後《こんご》さらに進歩《しんぽ》し、より広《ひろ》い用途《ようと》に利用《りよう》されていくでしょう。私《わたし》たちは情報《じょうほう》モラルを理解《りかい》することで、一層便利《いっそうべんり》で快適《かいてき》な生活《せいかつ》を送《おく》ることができます。

なお、本書《ほんしょ》における解説《かいせつ》、図表《ずひょう》、事例《じれい》は、標準的《ひょうじゅんてき》なインターネットやスマホなどの環境《かんきょう》を想定《そうてい》して記載《きさい》しています。

最後《さいご》に、本書《ほんしょ》の編集《へんしゅう》・企画《きかく》においてご尽力《じんりょく》いただいた技術評論社《ぎじゅつひょうろんしゃ》の渡邉悦司《わたなべえつじ》氏《し》、松井竜馬《まついりょうま》氏《し》および関係各位《かんけいかくい》に深《ふか》く感謝《かんしゃ》の意《い》を表《あらわ》します。

松下孝太郎《まつしたこうたろう》、山本光《やまもとこう》

4-1
SNS《エスエヌエス》にはどんなものが
あるの？

4-6
SNS《エスエヌエス》の友達申請《ともだちしんせい》は
いきなりしてもよいの？

4-14
友達《ともだち》からきたメッセージ
にはすぐ返信《へんしん》しなくては
いけないの？

情報《じょうほう》モラルについていっしょに学《まな》んでいきましょう！

上原悠人《うえはらゆうと》さん

高橋真央《たかはしまお》さん

佐藤麻衣先生《さとうまいせんせい》

やさしくわかるデジタル時代《じだい》の情報《じょうほう》モラル

【④ SNS《エスエヌエス》編《へん》】目次《もくじ》

コラム

SNS《エスエヌエス》にはどんなものがあるの？

SNS《エスエヌエス》にはどんなものがあるのでしょうか？

SNS《エスエヌエス》（ソーシャル・ネットワーキング・サービス）とは、人《ひと》と人《ひと》のつながりをサポートするネットワークサービスのことです。個人《こじん》どうしで情報《じょうほう》の発信《はっしん》や共有《きょうゆう》ができる特徴《とくちょう》があります。ただし、ひとくちにSNS《エスエヌエス》といってもサービスによって機能《きのう》や使《つか》われ方《かた》が異《こと》なっています。

SNS《エスエヌエス》 には多《おお》くの種類《しゅるい》があります。日本《にほん》で最《もっと》もユーザー数《すう》が多《おお》い SNS《エスエヌエス》 は LINE《ライン》 です。LINE《ライン》 は主《おも》に、個人《こじん》やグループとの連絡《れんらく》やメッセージのやり取《と》りに使《つか》われます。次《つぎ》にユーザー数《すう》が多《おお》いのは Twitter《ツイッター》 です。Twitter《ツイッター》 は短文《たんぶん》や写真《しゃしん》、動画《どうが》を匿名《とくめい》で不特定多数《ふとくていたすう》に投稿《とうこう》（ツイート）することができます。東日本大震《ひがしにほんだいしん》災《さい》では安否確認《あんぴかくにん》やボランティアの情報共有《じょうほうきょうゆう》などで活躍《かつやく》しました。政府《せいふ》や地方自《ちほうじ》治体《ちたい》、企業《きぎょう》も Twitter《ツイッター》 を利用《りよう》しています。SNS《エスエヌエス》 は便利《べんり》な反面《はんめん》、個人《こじん》が簡単《かんたん》に情報発信《じょうほうはっしん》できるため、デマなど信頼性《しんらいせい》の低《ひく》い情報《じょうほう》が拡散《かくさん》されることもあります。

●日本《にほん》で主流《しゅりゅう》の SNS《エスエヌエス》

サービス名《めい》	国内月間《こくないげっかん》アクティブユーザー	ユーザー層《そう》	特徴《とくちょう》
LINE《ライン》	8,100 万人《まんにん》	若《わか》い世代《せだい》から年配《ねんぱい》まで全世代《ぜんせだい》が利用《りよう》。国民《こくみん》の 3 人《にん》に 2 人《にん》が利用《りよう》。	メッセージ交換《こうかん》。スマホ中心《ちゅうしん》。
Twitter《ツイッター》	4,500 万人《まんにん》	男女《だんじょ》ともに 20 代《だい》が一番多《いちばんおお》い。利用者《りようしゃ》の 90% 以上《いじょう》が 40 代以下《だいいか》。	匿名《とくめい》での短文投稿《たんぶんとうこう》。リツイートで拡散《かくさん》。
Instagram《インスタグラム》	3,300 万人《まんにん》	20 代《だい》が一番多《いちばんおお》い。20 代《だい》 30 代《だい》が利用者《りようしゃ》の半数程度《はんすうていど》を占《し》める。	写真《しゃしん》や動画《どうが》の投稿《とうこう》。インスタ映《ば》え。
Facebook《フェイスブック》	2,600 万人《まんにん》	30 代《だい》が一番多《いちばんおお》い。アメリカでは利用者《りようしゃ》が 7 割以上《わりいじょう》に対《たい》し、日本《にほん》は 3 割程度《わりていど》。	実名登録《じつめいとうろく》。シェアで拡散《かくさん》。
TikTok《ティックトック》	950 万人《まんにん》	10 代《だい》 20 代《だい》の女性中心《じょせいちゅうしん》。	ショートムービーの投稿《とうこう》。

（2019 年《ねん》 10 月時点《がつじてん》）

Column コラム

フォロワー数《すう》

Twitter《ツイッター》 や Instagram《インスタグラム》 では、自分《じぶん》が気《き》に入《い》った人《ひと》の情報発信《じょうほうはっしん》をいつでも見《み》られるように登録《とうろく》できます。このしくみをフォローといいます。逆《ぎゃく》に自分《じぶん》の情報発信《じょうほうはっしん》をフォローしてくれる人《ひと》のことフォロワーといい、その数《かず》が多《おお》い人《ひと》ほど人気者《にんきもの》です。

2019 年《ねん》、Twitter《ツイッター》 のフォロワー数《すう》の 1 位《い》は、元《もと》アメリカ大統領《だいとうりょう》のオバマさんで、1 億《おく》 1000 万人《まんにん》にフォローされました。日本人《にっぽんじん》の 1 位《い》は、元《もと》 ZOZO《ゾゾ》 社長《しゃちょう》の前澤友作《まえざわゆうさく》さんで 700 万人《まんにん》でした。

SNS《エスエヌエス》ってどんなしくみなの？

SNS《エスエヌエス》はどんなことに利用《りよう》されているのですか？　また、どんなしくみなのですか？

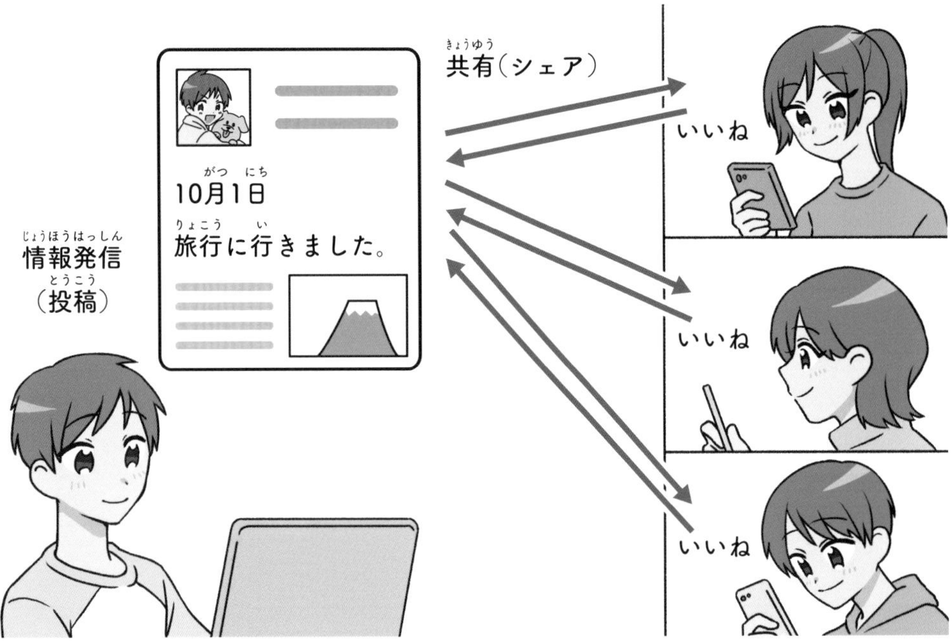

SNS《エスエヌエス》は多《おお》くの人《ひと》への情報発信《じょうほうはっしん》（投稿《とうこう》）や共有《きょうゆう》（シェア）に利用《りよう》されています。共有《きょうゆう》の範囲《はんい》は友達《ともだち》に限《かぎ》ることもできます。さらに、SNS《エスエヌエス》は同《おな》じ会員同士《かいいんどうし》のメッセージのやり取《と》りにも利用《りよう》されています。

SNS《エスエヌエス》はサービスに登録《とうろく》した会員同士《かいいんどうし》が交流《こうりゅう》できるサービスです。学校《がっこう》の友人《ゆうじん》や仕事関係《しごとかんけい》の人《ひと》、同《おな》じ趣味《しゅみ》を持《も》つ人《ひと》、地域《ちいき》の人《ひと》など、インターネットにつながるパソコンやスマホがあれば、いつでもどこでもコミュニケーションができます。会社《かいしゃ》や自治体《じちたい》の宣伝《せんでん》や、個人《こじん》の情報発信《じょうほうはっしん》にも利用《りよう》されています。多《おお》くのSNS《エスエヌエス》はWeb《ウェブ》サーバーを通《つう》じてサービスが提供《ていきょう》されています。会員《かいいん》になると、サーバーに自分《じぶん》のページが作《つく》られ、プロフィールの表示《ひょうじ》や日記《にっき》などの投稿《とうこう》ができます。また、メールのようなメッセージ機能《きのう》、チャット機能《きのう》、グループの中《なか》で情報《じょうほう》やファイルをやり取《と》りする機能《きのう》など、コミュニケーションに便利《べんり》な多《おお》くの機能《きのう》を持《も》っています。

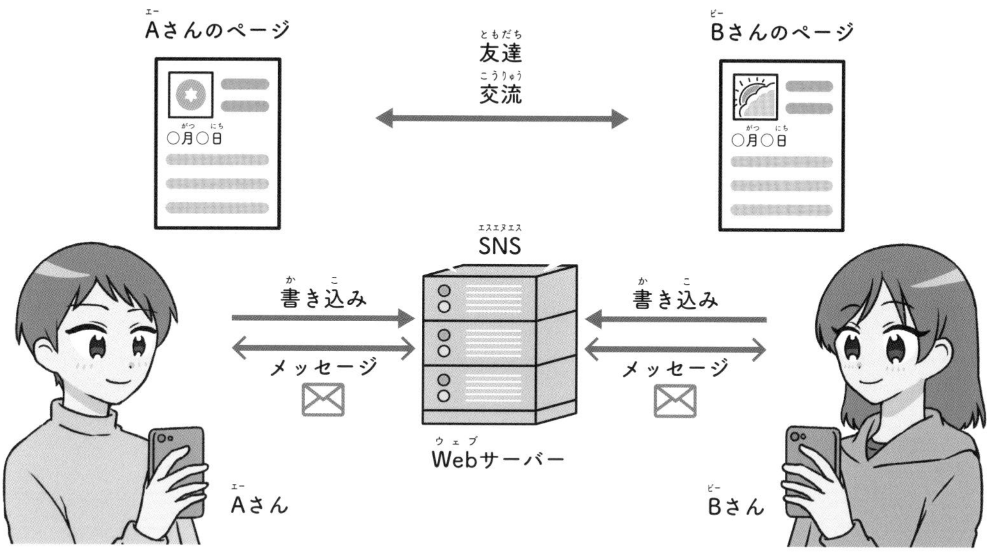

Column コラム

アカウントの管理《かんり》には注意《ちゅうい》

SNS《エスエヌエス》を開設《かいせつ》すると自分《じぶん》のアカウントを持《も》つことができます。このアカウントには公開《こうかい》しているプロフィールだけでなく、公開《こうかい》していない個人情報《こじんじょうほう》も登録《とうろく》されています。もし、アカウントが第三者《だいさんしゃ》に漏《も》れてしまうと、個人情報《こじんじょうほう》の流出《りゅうしゅつ》や、なりすましなどの被害《ひがい》にあう危険《きけん》があります。また、SNS《エスエヌエス》には友達《ともだち》とのつながりが記録《きろく》されています。アカウントが盗《ぬす》まれると、そういった情報《じょうほう》が闇《やみ》サイトに売《う》られるなどし、友人《ゆうじん》にも危害《きがい》が及《およ》ぶ可能性《かのうせい》があります。ログインに必要《ひつよう》なＩＤ《アイディー》とパスワードは人《ひと》に知《し》られないようにしましょう。

4-3

SNS《エスエヌエス》には何《なに》を投稿《とうこう》してもよいの？

SNS《エスエヌエス》は個人《こじん》が自由《じゆう》に情報発信《じょうほうはっしん》できますが、どんなものでも載《の》せてよいのでしょうか？

SNS《エスエヌエス》に限《かぎ》らずインターネットには、個人情報《こじんじょうほう》や犯罪《はんざい》にかかわる情報《じょうほう》などを載《の》せてはいけません。また、誰《だれ》もが情報《じょうほう》を見《み》られることを意識《いしき》してください。

相手《あいて》が傷《きず》つくような悪口《わるぐち》やウソなども載《の》せてはいけません。

SNS《エスエヌエス》で一般《いっぱん》に向《む》けて投稿《とうこう》した情報《じょうほう》は、誰《だれ》でも見《み》ることができます。SNS《エスエヌエス》には良《よ》い人《ひと》ばかりではなく、悪《わる》い人《ひと》もいます。個人《こじん》のことが特定《とくてい》できるような情《じょう》報《ほう》を投稿《とうこう》すると、通学路《つうがくろ》や自宅《じたく》の住所《じゅうしょ》を知《し》られる恐《おそ》れがあります。

また、自分《じぶん》の投稿《とうこう》が原因《げんいん》で、けんかになることもあります。どんなに正《ただ》しいと思《おも》っていても、悪口《わるぐち》であれば、相手《あいて》はいやな気持《きも》ちになるでしょう。他《ほか》にも、自分《じぶん》の大好《だいす》きなキャラクターだからといって勝手《かって》に使用《しよう》すると著作権法《ちょさくけんほう》に違反《いはん》してしまいます。多《おお》くのSNS《エスエヌエス》では利用規約《りようきやく》という、使《つか》うためのルールが示《しめ》されています。そこには載《の》せてはいけないことなども書《か》かれています。

コラム Column

利用規約《りようきやく》、プライバシーポリシー

SNS《エスエヌエス》の利用規約《りようきやく》には、載《の》せてはいけないことだけでなく、利用《りよう》できる年齢《ねんれい》や個人情報《こじんじょうほう》の取《と》り扱《あつか》い（プライバシーポリシー）も示《しめ》されています。なお、プライバシーポリシーには、個人《こじん》の情報《じょうほう》として、時間《じかん》や位置情報《いちじょうほう》などが記録《きろく》されていることが示《しめ》されています。さらに個人情報《こじんじょうほう》を利用《りよう》して個人個人《こじんこじん》に合《あ》った広《こう》告《こく》を表示《ひょうじ》することも示《しめ》されています。つまり、わたしたちは個人情報《こじんじょうほう》を差《さ》し出《だ》す代《か》わりに、無料《むりょう》で便利《べんり》にSNS《エスエヌエス》を利用《りよう》しているのです。

4-4 SNS《エスエヌエス》に友達《ともだち》の写真《しゃしん》を投稿《とうこう》してもよいの？

SNS《エスエヌエス》に私《わたし》が撮《と》った友達《ともだち》の写真《しゃしん》を投稿《とうこう》するときに、友達《ともだち》の許可《きょか》は必要《ひつよう》なのでしょうか？

友達《ともだち》の許可《きょか》は必要《ひつよう》です。SNS《エスエヌエス》に写真《しゃしん》を投稿《とうこう》する前《まえ》に、相手《あいて》に載《の》せて良《よ》いかどうかを確認《かくにん》しましょう。

勝手《かって》に投稿《とうこう》した場合《ばあい》は、相手《あいて》から削除《さくじょ》するようにいわれることがあります。

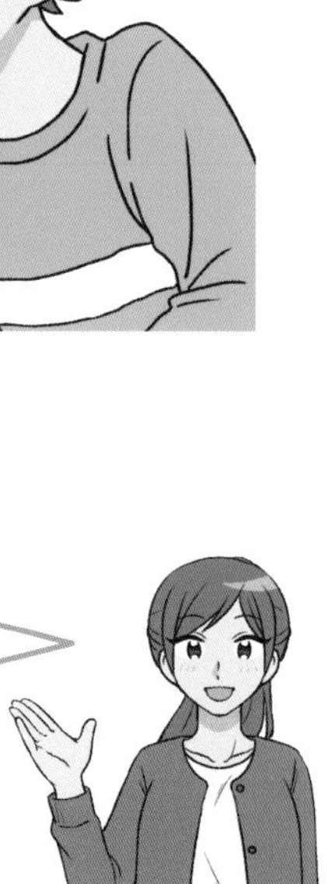

SNS《エスエヌエス》に投稿《とうこう》した写真《しゃしん》は、撮《と》った人《ひと》に著作権《ちょさくけん》があります。一方《いっぽう》、写《うつ》った人《ひと》には肖像権《しょうぞうけん》があります。写《うつ》った人《ひと》に許可《きょか》なく投稿《とうこう》すると肖像権《しょうぞうけん》の侵害《しんがい》となります。また、SNS《エスエヌエス》の利用規約《りようきやく》を見《み》ると、サービス提供会社《ていきょうがいしゃ》やその関連会社《かんれんがいしゃ》があなたの写真《しゃしん》を広《ひろ》く利用《りよう》できることになっています。つまり、一度投稿《いちどとうこう》してしまった写真《しゃしん》は、撮《と》った人《ひと》のものでもありますが、サービス提供会社《ていきょうがいしゃ》のものにもなるのです。もし、友達《ともだち》の写《うつ》った写真《しゃしん》を許可《きょか》なく投稿《とうこう》して、何《なに》かに利用《りよう》されたら、友《とも》達《だち》が困《こま》る可能性《かのうせい》があります。写真《しゃしん》を投稿《とうこう》する際《さい》は、写《うつ》っている人全員《ひとぜんいん》に投稿先《とうこうさき》を伝《つた》え、許可《きょか》をもらうようにしましょう。

● Facebook《フェイスブック》の利用規約《りようきやく》（一部抜粋《いちぶばっすい》）

利用者《りようしゃ》は、自分《じぶん》のコンテンツを、誰《だれ》とでも、好《す》きな場所《ばしょ》で自由《じゆう》にシェアすることができます。

ただし、弊社《へいしゃ》がサービスを提供《ていきょう》できるよう、利用者《りようしゃ》はコンテンツの利《り》用《よう》に関《かん》する法的許可《ほうてききょか》（一般的《いっぱんてき》に「ライセンス」と呼《よ》ばれる）を弊社《へいしゃ》に付《ふ》与《よ》していただく必要《ひつよう》があります。

Column コラム

リシェア（再共有《さいきょうゆう》）とは

あなたが投稿《とうこう》した写真《しゃしん》は、Facebook《フェイスブック》やInstagram《インスタグラム》の利用規約《りようきやく》ではリシェア（再共有《さいきょうゆう》）をできることになっています。つまり、他《ほか》の人《ひと》があなたの写真《しゃしん》を再共有《さいきょうゆう》することで拡散《かくさん》できるのです。

写真《しゃしん》の著作権《ちょさくけん》はあなたにあり、写《うつ》っている人《ひと》には肖像権《しょうぞうけん》があります。その一《いっ》方《ぽう》で、利用規約《りようきやく》によってそれらの権利《けんり》はFacebook《フェイスブック》やInstagram《インスタグラム》にも無料《むりょう》で条件《じょうけん》なく許可《きょか》することになっています。人《ひと》が写《うつ》っている写真《しゃしん》を投稿《とうこう》するときは十分《じゅうぶん》な注意《ちゅうい》が必要《ひつよう》です。

SNS《エスエヌエス》の友《とも》達《だち》申《しん》請《せい》は承《しょう》認《にん》しないといけないの？

知《し》らない人《ひと》から友達申請《ともだちしんせい》がきました。すぐに承認《しょうにん》しないといけないのでしょうか？

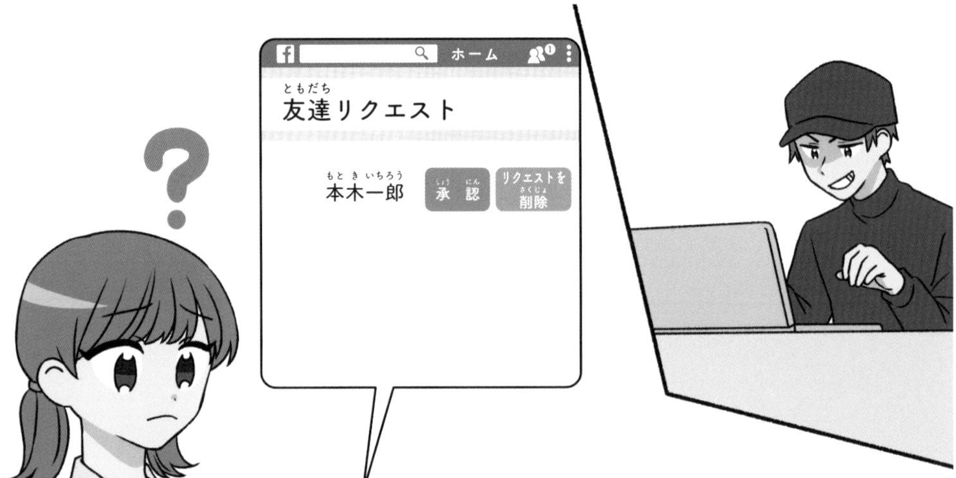

知《し》らない人《ひと》や会《あ》ったことのない人《ひと》から友達申請《ともだちしんせい》がきても、承認《しょうにん》してはいけません。SNS《エスエヌエス》には良《よ》い人《ひと》だけでなく、悪《わる》い人《ひと》もたくさんいます。

会《あ》ったことのある人《ひと》や信頼《しんらい》できる人《ひと》からの友達申請《ともだちしんせい》のみ、承認《しょうにん》するようにしましょう。

SNS《エスエヌエス》では、知《し》らない人《ひと》からの友達申請《ともだちしんせい》には注意《ちゅうい》が必要《ひつよう》です。悪《わる》い人《ひと》が個人《こじん》情報《じょうほう》を盗《ぬす》み出《だ》すために無差別《むさべつ》に友達申請《ともだちしんせい》している場合《ばあい》もあります。また、ロボット(プログラム)を使《つか》って自動的《じどうてき》に友達申請《ともだちしんせい》をしている人《ひと》もいます。フォロワー数《すう》や友達《ともだち》の数《かず》が多《おお》いと影響力《えいきょうりょく》が大《おお》きくなるからです。闇《やみ》サイトで友達《ともだち》の数《かず》を売買《ばいばい》すると、お金儲《かねもう》けにも利用《りよう》できます。もし、知《し》らない人《ひと》から友達申請《ともだちしんせい》がきても、無視《むし》しておくことが一番《いちばん》です。しつこく申請《しんせい》してくるときは拒否機能《きょひきのう》などを利用《りよう》します。

Column《コラム》

「知《し》り合《あ》いかも」のしくみ

SNS《エスエヌエス》には友達候補《ともだちこうほ》を表示《ひょうじ》する機能《きのう》があります。Facebook《フェイスブック》の「知《し》り合《あ》いかも」やLINE《ライン》の「知《し》り合《あ》いかも？」です。表示《ひょうじ》されるしくみはSNS《エスエヌエス》によって異《こと》なります。Facebook《フェイスブック》では、共通《きょうつう》の友達《ともだち》がいる人《ひと》、同《おな》じグループの人《ひと》、同《おな》じ組織《そしき》（学校《がっこう》など）の人《ひと》、連絡先《れんらくさき》に登録《とうろく》されている人《ひと》などです。一方《いっぽう》、LINE《ライン》の「知《し》り合《あ》いかも？」は、相手《あいて》が友達登録《ともだちとうろく》していて、自分《じぶん》がしていない場合《ばあい》です。相手《あいて》がどのように登録《とうろく》したかが小《ちい》さく表示《ひょうじ》されています。ただし、同《おな》じグループにいる誰《だれ》かがメンバーリストから登録《とうろく》した場合《ばあい》は表示《ひょうじ》されません。

4-6

SNS《エスエヌエス》の友《とも》達《だち》申《しん》請《せい》はいきなりしてもよいの？

知《し》り合《あ》いがSNS《エスエヌエス》をやっていました。友達申《ともだちしん》請《せい》はいきなりしてもよいですか？

いきなり友達申請《ともだちしんせい》をするのはマナーとして良《よ》くありません。友達申請《ともだちしんせい》をする前《まえ》に直接《ちょくせつ》会《あ》って伝《つた》えるか、メッセージ機能《きのう》などを利用《りよう》して、自己紹介《じこしょうかい》と友達申請《ともだちしんせい》のお願《ねが》いをすることが望《のぞ》ましいです。

普段《ふだん》の生活《せいかつ》の中《なか》で、親《した》しくない人《ひと》に対《たい》していきなり友達《ともだち》のように接《せっ》することとはないように、SNS《エスエヌエス》でも突然友達申請《とつぜんともだちしんせい》がくると、相手《あいて》が驚《おどろ》いてしまいます。SNS《エスエヌエス》には絶対的《ぜったいてき》なマナーのようなものはありませんが、普段《ふだん》の生活《せいかつ》の中《なか》のマナーと変《か》わりません。あらかじめメッセージなどで自己紹介《じこしょうかい》をしてから友達申請《ともだちしんせい》するほうが、より丁寧《ていねい》で相手《あいて》のことを考《かんが》えています。また、知《し》り合《あ》いだと思《おも》った人《ひと》が、同姓同名《どうせいどうめい》の別人《べつじん》という可能性《かのうせい》もあります。顔《かお》が見《み》えないコミュニケーションなので慎重《しんちょう》に行動《こうどう》しましょう。

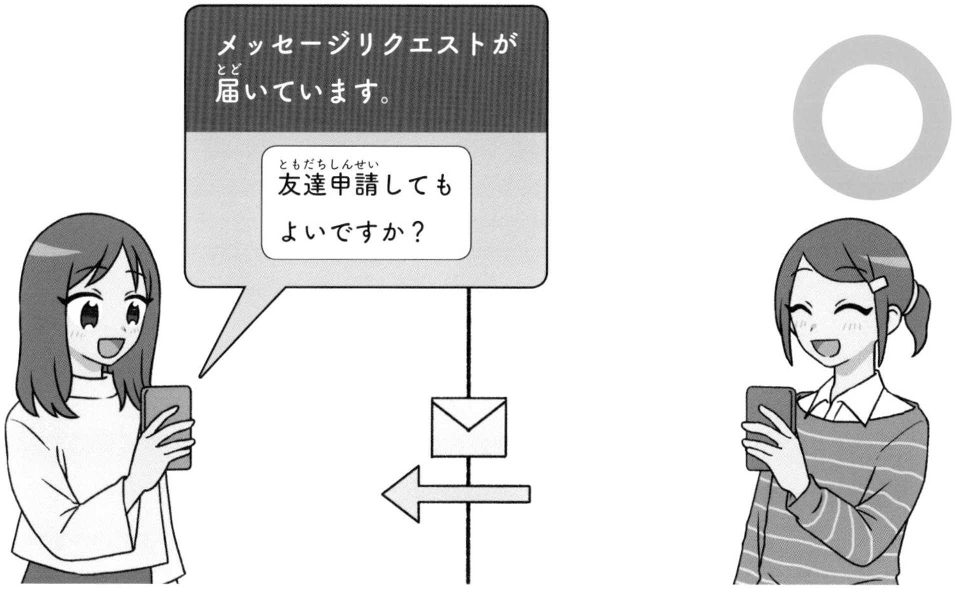

Column《コラム》

友達申請《ともだちしんせい》できないこともある

Facebook《フェイスブック》では、プライバシーの設定《せってい》により、友達申請《ともだちしんせい》を受《う》け付《つ》けないようにしている人《ひと》もいます。

例《たと》えば、「プライバシー設定画面《せっていがめん》」の「自分《じぶん》に友達《ともだち》リクエストを送信《そうしん》できる人《ひと》」の項目《こうもく》が「全員《ぜんいん》」ではなく「友達《ともだち》の友達《ともだち》」のときがそうです。メッセージについても同様《どうよう》に「友達《ともだち》の友達《ともだち》」に設定《せってい》していると、メッセージが受《う》け付《つ》けられません。このような場合《ばあい》は、他《ほか》の方法《ほうほう》（メールやLINE《ライン》）を利用《りよう》して相手《あいて》に連絡《れんらく》してみましょう。

4-7 SNS《エス エヌ エス》で知《し》り合《あ》った人《ひと》と会《あ》ってもよいの？

SNS《エスエヌエス》で知《し》り合《あ》った人《ひと》から会《あ》いたいというメッセージがきました。どうしたらよいのですか？

けっして自分《じぶん》だけや友達《ともだち》と一緒《いっしょ》でも、知《し》らない人《ひと》と会《あ》ってはいけません。

SNS《エスエヌエス》は大人《おとな》の社会《しゃかい》と同《おな》じです。良《よ》い人《ひと》も悪《わる》い人《ひと》もいます。知《し》らない人《ひと》から心《こころ》あたりのない連絡《れんらく》がきたときは必《かなら》ず保護者《ほごしゃ》に相談《そうだん》してください。

SNS《エスエヌエス》は友達同士《ともだちどうし》でしか利用《りよう》していないと思《おも》っていても、実社会《じっしゃかい》（大人《おとな》の社《しゃ》会《かい》）とつながっています。未成年《みせいねん》が巻《ま》き込《こ》まれた事件《じけん》の多《おお》くはSNS《エスエヌエス》を利用《りよう》したものです。自分《じぶん》に興味《きょうみ》を持《も》ってくれた人《ひと》だからといって、良《よ》い人《ひと》とは限《かぎ》りません。SNS《エスエヌエス》では悩《なや》みを親身《しんみ》になって相談《そうだん》に乗《の》ってくれたり、やさしい励《はげ》ましの言葉《ことば》をかけてくれる人《ひと》が、実際《じっさい》に会《あ》ってみると悪《わる》い人《ひと》かもしれないのです。悩《なや》みはまず保護者《ほごしゃ》に相談《そうだん》しましょう。もし、保護者《ほごしゃ》に関《かん》する悩《なや》みなら、会《あ》ったことのある信頼《しんらい》のおける大人《おとな》に相談《そうだん》するか、公的機関《こうてききかん》の相談窓口《そうだんまどぐち》を利用《りよう》しましょう。

Column《コラム》

悩《なや》みの相談先《そうだんさき》

身《み》の回《まわ》りに安心《あんしん》して相談《そうだん》できる大人《おとな》がいない場合《ばあい》は、公的機関《こうてききかん》の相談窓口《そうだんまどぐち》を利用《りよう》しましょう。

●文部科学省《もんぶかがくしょう》こどものSOS《エスオーエス》の相談窓口《そうだんまどぐち》：0120-0-78310

●厚生労働省《こうせいろうどうしょう》のこころの健康相談統一《けんこうそうだんとういつ》ダイヤル：0570-064-556

●いのちの電話《でんわ》：0570-783-556

●チャイルドライン：0120-99-7777、LINE《ライン》あり

●BOND《ビーオーエヌディー》プロジェクト（10代《だい》20代《だい》の女性《じょせい》のためのLINE《ライン》相談《そうだん》）：LINE《ライン》のみ

SNS《エスエヌエス》で冗談《じょうだん》やウソをつぶやいてはいけないの？

受《う》けをねらうために、冗談《じょうだん》やウソをつぶやいてはいけないのでしょうか？

SNS《エスエヌエス》にメッセージなどを投稿《とうこう》する前《まえ》に、誰《だれ》でも見《み》られること、記録《きろく》が残《のこ》ることに注意《ちゅうい》して内容《ないよう》を考《かんが》えましょう。悪質《あくしつ》な冗談《じょうだん》やウソにより、炎上《えんじょう》させたりしないように注意《ちゅうい》しましょう。

生活《せいかつ》の中《なか》で人間関係《にんげんかんけい》をよくするために、冗談《じょうだん》やすぐわかるウソをつくことがあります。しかし、Twitter《ツイッター》などのSNS《エスエヌエス》の特徴《とくちょう》は「誰《だれ》でも見《み》られること」、「記《き》録《ろく》がいつまでも残《のこ》ること」です。親《した》しい友達同士《ともだちどうし》だったら通用《つうよう》する冗談《じょうだん》が、知《し》らない人《ひと》には悪口《わるぐち》に見《み》えてしまうかもしれません。また、自分《じぶん》では軽《かる》い冗談《じょうだん》のつもりのウソだと思《おも》っても、多《おお》くの人《ひと》が信《しん》じてしまったということがあるのです。ひどい冗談《じょうだん》やウソは犯罪《はんざい》として扱《あつか》われてしまうこともあります。

Column《コラム》

つぶやくときに気《き》をつける内容《ないよう》

つぶやきが取《と》り上《あ》げられて炎上《えんじょう》する事件《じけん》が後《あと》を絶《た》ちません。自分《じぶん》は正《ただ》しいと思《おも》っていても、不愉快《ふゆかい》に思《おも》う人《ひと》がいるかもしれません。また、自分《じぶん》が正《ただ》しいとは限《かぎ》りません。次《つぎ》に挙《あ》げるような内容《ないよう》には気《き》をつけましょう。

- 差別《さべつ》につながること（人種差別《じんしゅさべつ》、男女差別《だんじょさべつ》、性的《せいてき》マイノリティ）
- 価値観《かちかん》が多様《たよう》なもの（宗教《しゅうきょう》、政治《せいじ》、戦争《せんそう》、人《ひと》の性格《せいかく》）
- 専門家《せんもんか》でも難《むずか》しい内容《ないよう》（健康《けんこう》、医療《いりょう》、食品《しょくひん》）
- 悪口《わるぐち》や人《ひと》を馬鹿《ばか》にする内容《ないよう》

4-9

どうしてSNS《エスエヌエス》は災害《さいがい》のときに役《やく》立《だ》つの？

SNS《エスエヌエス》が災害《さいがい》に強《つよ》い理由《りゆう》は何《なん》でしょうか？

A

災害時《さいがいじ》、電話《でんわ》はつながらないのにSNS《エスエヌエス》では安否確認《あんぴかくにん》ができたというケースがあります。SNS《エスエヌエス》が災害《さいがい》に強《つよ》いのは、インターネットを利用《りよう》しているからです。インターネットはクモの巣《す》のようなネットワークなので、さまざまなルートを経由《けいゆ》して通信《つうしん》を続《つづ》けることができます。

SNS《エスエヌエス》は災害《さいがい》に強《つよ》いと言《い》われますが、それはインターネットの長所《ちょうしょ》でもあります。電話《でんわ》は1つの回線《かいせん》を通信相手《つうしんあいて》と独占《どくせん》するため、アクセスが殺到《さっとう》するとつながらなくなってしまいます。一方《いっぽう》インターネットではデータを小《ちい》さな小包《こづつみ》に分《わ》けてやり取《と》りするため、回線《かいせん》を独占《どくせん》しません。また、インターネットはクモの巣状《すじょう》のネットワークなので、混《こ》んでいないルートを探《さが》して通信《つうしん》を続《つづ》けることができます。SNS《エスエヌエス》は災害時《さいがいじ》の連絡手段《れんらくしゅだん》だけでなく、災害《さいがい》・防災情報《ぼうさいじょうほう》の入手《にゅうしゅ》にも役立《やくだ》ちます。ただし注意《ちゅうい》したいのがウソやデマです。過去《かこ》の地震《じしん》の際《さい》「ライオンが逃《に》げた」というデマがSNS《エスエヌエス》から拡散《かくさん》したことがありました。

● Twitter《ツイッター》の首相官邸《しゅしょうかんてい》アカウント

Column コラム

災害時《さいがいじ》に役立《やくだ》つ Twitter《ツイッター》公式《こうしき》アカウント

デマ情報《じょうほう》に惑《まど》わされないよう、次《つぎ》の公式《こうしき》アカウントをフォローしましょう。

- 首相官邸《しゅしょうかんてい》（災害《さいがい》・危機管理情報《ききかんりじょうほう》） @Kantei_Saigai
- 総務省消防庁《そうむしょうしょうぼうちょう》 @FDMA_JAPAN
- 警視庁警備災害対策課《けいしちょうけいびさいがいたいさくか》 @MPD_bousai
- 日本気象協会《にほんきしょうきょうかい》 @tenkijp_jishin
- NHK《エヌエイチケー》生活《せいかつ》・防災《ぼうさい》 @nhk_seikatsu

4-10

炎上《えんじょう》したときはどうしたらよいの？

自分《じぶん》の投稿《とうこう》に怒《おこ》ったたくさんの人《ひと》からメッセージが来《き》ています。どう対処《たいしょ》すればよいですか？

Twitter《ツイッター》などのSNS《エスエヌエス》がいったん炎上《えんじょう》してしまうと、自分《じぶん》だけでは対応《たいおう》できません。

すぐに保護者《ほごしゃ》や先生《せんせい》に相談《そうだん》しましょう。そして、落《お》ち着《つ》いて対策《たいさく》を考《かんが》えましょう。

炎上《えんじょう》とは、自分《じぶん》が発信《はっしん》した情報《じょうほう》に対《たい》して、非難《ひなん》や抗議《こうぎ》が殺到《さっとう》する状態《じょうたい》のことです。Twitter《ツイッター》などは、リツイート(他《ほか》の人《ひと》のツイートを再掲載《さいけいさい》すること)によって、あっという間《ま》に情報《じょうほう》が広《ひろ》まります。まずは、保護者《ほごしゃ》や先生《せんせい》など信頼《しんらい》できる大人《おとな》に相談《そうだん》します。もし、悪口《わるぐち》が原因《げんいん》なら相手《あいて》に謝《あやま》りましょう。いたずらやウソなら、謝罪《しゃざい》や反省《はんせい》を表明《ひょうめい》しましょう。

犯罪《はんざい》に関《かか》わる内容《ないよう》で炎上《えんじょう》した場合《ばあい》は、法律《ほうりつ》の専門家《せんもんか》（弁護士《べんごし》など）に相談《そうだん》しましょう。ただし、いったんネットに投稿《とうこう》した情報《じょうほう》を完全《かんぜん》に消《け》すことは大変難《たいへんむずか》しいことです。自分《じぶん》のTwitter《ツイッター》アカウントを削除《さくじょ》できても、コピーされた情報《じょうほう》を消《け》すことは不可能《ふかのう》だからです。

Column《コラム》

デジタルタトゥー

いったんインターネット上《じょう》に公開《こうかい》された情報《じょうほう》が拡散《かくさん》してしまうと、完全《かんぜん》に削《さく》除《じょ》するのが不可能《ふかのう》なことを入《い》れ墨《ずみ》に例《たと》えて、デジタルタトゥーといいます。炎《えん》上《じょう》したからといって、あわててアカウントを削除《さくじょ》しても、残念《ざんねん》なことに完全《かんぜん》には消《け》せず、複製《ふくせい》されたものが流布《るふ》するのです。インターネットに書《か》き込《こ》むことを必要以上《ひつよういじょう》に怖《こわ》がることはないですが、心《こころ》のどこかで、「いま書《か》いていることやアップロードした写真《しゃしん》は半永久的《はんえいきゅうてき》に残《のこ》るかもしれないこと」を考《かんが》えながら、SNS《エスエヌエス》を利用《りよう》しましょう。

4-11 SNS《エスエヌエス》はどうやって居場所《いばしょ》を伝《つた》えているの？

近《ちか》くにいる友達《ともだち》がスマホに表示《ひょうじ》されますが、どういうしくみなのでしょうか？

スマホには現在位置《げんざいいち》を測《はか》る機能《きのう》があります。この機能《きのう》はGPS《ジーピーエス》というしくみを利用《りよう》しています。GPS《ジーピーエス》の位置情報《いちじょうほう》を利用《りよう》して「近《ちか》くにいる友達《ともだち》」を見《み》つけたり、今《いま》いる場所《ばしょ》を投稿《とうこう》に加《くわ》えることができます。

スマホは、GPS《ジーピーエス》による位置情報《いちじょうほう》を取得《しゅとく》できます。スマホで得《え》たGPS《ジーピーエス》の位置《いち》情報《じょうほう》は、SNS《エスエヌエス》だけでなく、スマホのさまざまなアプリでも利用《りよう》されています。例《たと》えば、地図《ちず》ソフトやゲーム、写真《しゃしん》、スマホを紛失《ふんしつ》したときなどにも使《つか》われます。

自分《じぶん》の位置情報《いちじょうほう》は重要《じゅうよう》な個人情報《こじんじょうほう》のひとつです。SNS《エスエヌエス》で位置《いち》がわからないようにするには、2通《とお》りの方法《ほうほう》があります。スマホ側《がわ》でGPS《ジーピーエス》機能《きのう》の利用《りよう》を停止《ていし》する方法《ほうほう》と、SNS《エスエヌエス》側《がわ》でGPS《ジーピーエス》機能《きのう》の利用《りよう》を停止《ていし》する方法《ほうほう》です。

● GPS《ジーピーエス》のしくみ

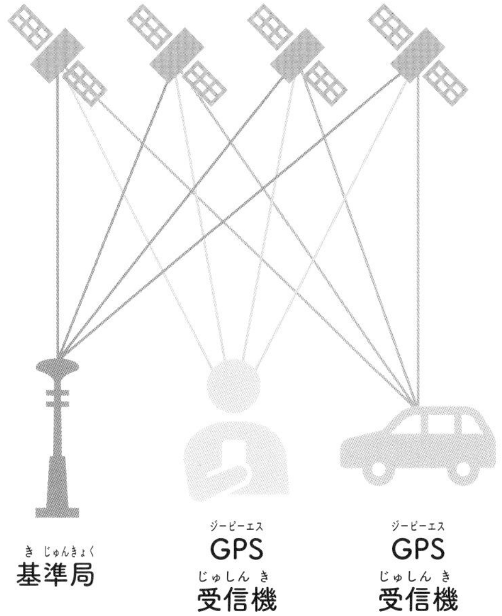

● GPS《ジーピーエス》受信《じゅしん》のオン・オフ

コラム Column

GPS《ジーピーエス》のしくみ

GPS《ジーピーエス》は人工衛星《じんこうえいせい》を使《つか》って、自分《じぶん》の位置《いち》を測定《そくてい》するシステムです。GPS《ジーピーエス》受信《じゅしん》機《き》があれば、誰《だれ》もがいつでも利用《りよう》することができます。

GPS《ジーピーエス》では4つの人工衛星《じんこうえいせい》から時間《じかん》の信号《しんごう》を送《おく》ってスマホなどの受信機《じゅしんき》との距離《きょり》を計算《けいさん》し、位置《いち》を特定《とくてい》しています。スマホの時計《とけい》は正確《せいかく》でないため少《すこ》し誤《ご》差《さ》が生《しょう》じます。基準局《きじゅんきょく》では正確《せいかく》な時間《じかん》を基《もと》に衛星《えいせい》と通信《つうしん》し、補正《ほせい》や誤差情報《ごさじょうほう》を届《とど》けるなど行《おこな》っています。

4-12

LINE《ライン》外《はず》しされました。どうしたらよいの？

友達《ともだち》からLINE《ライン》外《はず》しされました。とても心配《しんぱい》です。どうしたらよいですか？

LINE《ライン》外《はず》しとは、LINE《ライン》のグループに自分《じぶん》だけ入《い》れてもらえなかったり、入《はい》っているグループから外《はず》されてしまうことです。

LINE《ライン》外《はず》しはいじめにつながります。ひとりで悩《なや》まずに信頼《しんらい》できる大人《おとな》に相談《そうだん》しましょう。

LINE《ライン》のグループは招待《しょうたい》されたメンバーが参加《さんか》し、グループ内《ない》でメッセージを交換《こうかん》できる機能《きのう》です。少人数《しょうにんずう》で会話《かいわ》するときは大変便利《たいへんべんり》です。一方《いっぽう》で、特定《とくてい》のメンバーを簡単《かんたん》に退会《たいかい》させることができます。この機能《きのう》を利用《りよう》して、特定《とくてい》の人《ひと》を外《はず》して悪口《わるぐち》を言《い》い合《あ》うという使《つか》い方《かた》をしていることがあり、いじめの方法《ほうほう》として社会問題《しゃかいもんだい》になっています。

もし被害《ひがい》にあったときは、一人《ひとり》で悩《なや》まず、信頼《しんらい》できる大人《おとな》（保護者《ほごしゃ》や先生《せんせい》）に相談《そうだん》しましょう。それでも解決《かいけつ》できないときは、警察《けいさつ》や弁護士《べんごし》に相談《そうだん》することもできます。公的機関《こうてききかん》が用意《ようい》した電話《でんわ》で相談《そうだん》できる窓口《まどぐち》もあります。

Column《コラム》

いじめにあったり、困《こま》ったときの相談窓口《そうだんまどぐち》

子《こ》どもが電話《でんわ》などで相談《そうだん》できる窓口《まどぐち》の一部《いちぶ》を紹介《しょうかい》します。

- 24時間子供《じかんこども》SOS《エスオーエス》ダイヤル（文部科学省《もんぶかがくしょう》） 0120-0-78310
- 子《こ》どもの人権《じんけん》110番《ばん》（法務省《ほうむしょう》） 0120-997-110
- チャイルドライン（民間団体《みんかんだんたい》） 0120-99-777
- インターネットよりそいチャット（民間団体《みんかんだんたい》）【LINE《ライン》 ID《アイディー》】@yorisoi-chat
- 東京都《とうきょうと》いじめ相談《そうだん》ホットライン（東京都《とうきょうと》）03-5800-8288

4-13

SNS《エスエヌエス》に投稿《とうこう》すると誰《だれ》でも読《よ》めるの？

友達《ともだち》にしか投稿《とうこう》をみせたくありません。どうしたらよいのでしょうか？

多《おお》くのSNS《エスエヌエス》では、投稿《とうこう》した内容《ないよう》の公開《こうかい》の範囲《はんい》が設定《せってい》できます。投稿《とうこう》を誰《だれ》でも読《よ》めるのか、フォロワー（友《とも》達《だち》）だけなのかなどを選《えら》べます。

Twitter《ツイッター》や Instagram《インスタグラム》、Facebook《フェイスブック》などの主要《しゅよう》な SNS《エスエヌエス》には公開設定《こうかいせってい》があり、公開《こうかい》（全員《ぜんいん》に公開《こうかい》）、非公開《ひこうかい》（承認《しょうにん》したフォロワーに公開《こうかい》）が選《えら》べます。

また、Instagram《インスタグラム》は「アーカイブ機能《きのう》」により、特定《とくてい》の投稿《とうこう》を非公開《ひこうかい》にすることができます。

公開《こうかい》アカウントとは別《べつ》に、鍵垢《かぎあか》と呼《よ》ばれる非公開《ひこうかい》のアカウントを作《つく》って、一《いち》部《ぶ》の人《ひと》とやり取《と》りする人《ひと》もいます。

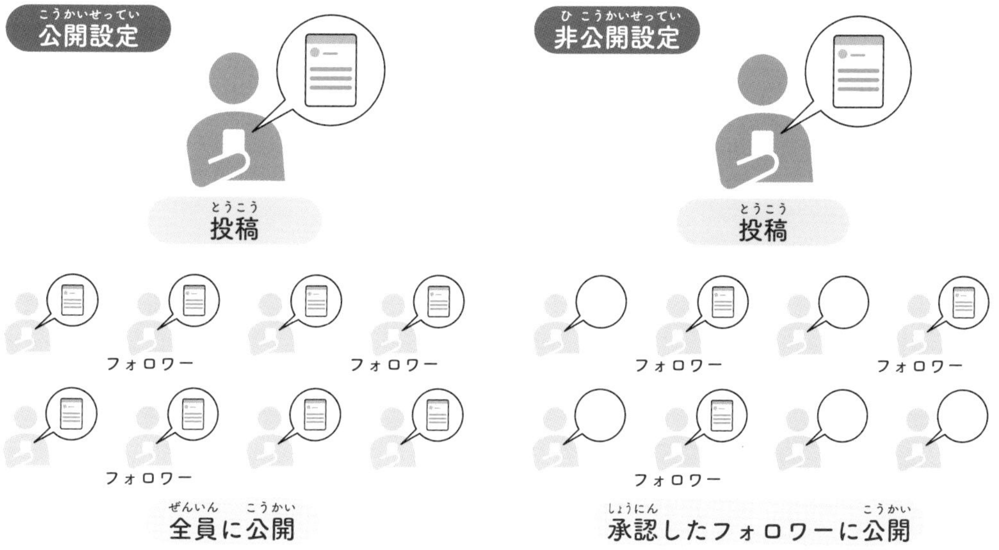

Column コラム

初期設定《しょきせってい》は公開《こうかい》

Twitter《ツイッター》や Instagram《インスタグラム》、Facebook《フェイスブック》の最初《さいしょ》の初期設定《しょきせってい》は全員《ぜんいん》に公開《こうかい》となっています。もし、全員《ぜんいん》に公開《こうかい》だと困《こま》る人《ひと》は、記事《きじ》や写真《しゃしん》を投稿《とうこう》する前《まえ》に、必《かなら》ず公《こう》開設定《かいせってい》を見直《みなお》しましょう。

他《ほか》にも、投稿《とうこう》に GPS《ジーピーエス》による位置情報《いちじょうほう》をつけたくないときや、連絡帳《れんらくちょう》などのアプリとリンクさせたくないときにも注意《ちゅうい》が必要《ひつよう》です。初期設定《しょきせってい》は自分《じぶん》が考《かんが》えているよりも、ゆるいものになっていることがあります。しっかり確認《かくにん》してから利用《りよう》しましょう。

4-14

友達《ともだち》からきたメッセージにはすぐ返《へん》信《しん》しなくてはいけないの？

友達《ともだち》からきたLINE《ライン》のメッセージを見《み》ると既《き》読《どく》がつくので、すぐに返事《へんじ》を返《かえ》さないといけないのでしょうか？

用事《ようじ》があるときには、友達《ともだち》からきたLINE《ライン》のメッセージにすぐに返事《へんじ》をする必要《ひつよう》はありません。自分《じぶん》の都合《つごう》のよいときに返事《へんじ》をしましょう。

友達《ともだち》からきたLINE《ライン》のメッセージに、既読《きどく》がつくとすぐ返事《へんじ》をしないと嫌《きら》われてしまうと思《おも》っている人《ひと》が多《おお》いようです。しかし、電話《でんわ》や目《め》の前《まえ》で話《はな》しているわけではありません。LINE《ライン》はお互《たが》いの都合《つごう》のよいときにやり取《と》りできるコミュニケーションツールです。自分《じぶん》も相手《あいて》も都合《つごう》のよいときにメッセージを送《おく》るものだと考《かんが》えましょう。既読《きどく》は、メッセージが相手《あいて》に届《とど》いたことが確認《かくにん》できる便利《べんり》な機能《きのう》です。LINE《ライン》などのSNS《エスエヌエス》は私《わたし》たちの生活《せいかつ》をより便利《べんり》に豊《ゆた》かにしてくれますが、逆《ぎゃく》に振《ふ》り回《まわ》されて、心配事《しんぱいごと》が増《ふ》えるのでは本末転倒《ほんまつてんとう》です。

Column《コラム》

既読《きどく》スルー

LINE《ライン》では自分《じぶん》が送《おく》ったメッセージを相手《あいて》が読《よ》んだら「既読《きどく》」と表示《ひょうじ》されます。既読表示《きどくひょうじ》になっているにもかかわらず、相手《あいて》から返信《へんしん》がないことを「既読《きどく》スルー」と呼《よ》びます。返事《へんじ》が欲《ほ》しくて送《おく》ったメッセージなので、短文《たんぶん》くらい返《かえ》してくれてもよいのにと思《おも》うかもしれません。しかし、LINE《ライン》は遠《とお》く離《はな》れた相手《あいて》ともメッセージのやりとりができる優《すぐ》れたツールです。向《む》かい合《あ》って話《はな》しているわけではないので、もっとおおらかに、そして相手《あいて》のことも考《かんが》えながら、LINE《ライン》を利用《りよう》しましょう。

4-15

SNS《エスエヌエス》のグループはどんなことに注意《ちゅうい》したらよいの？

LINE《ライン》のグループ（グループトーク）は相手《あいて》の許可《きょか》なく、自由《じゆう》に作《つく》ってよいのでしょうか？

グループを作《つく》るときは、相手《あいて》をいきなり招待《しょうたい》せず、グループに参加《さんか》して欲《ほ》しいメンバーにメッセージを送《おく》るか直接会《ちょくせつあ》うなどして、事前《じぜん》に連絡《れんらく》してから、招待《しょうたい》するようにしましょう。

LINE《ライン》には一対一《いったいいち》でメッセージをやり取《と》りする機能以外《きのういがい》にも、グループを作《つく》って、そのメンバー同士《どうし》で会話《かいわ》をするグループトーク機能《きのう》があります。

グループトークでは、参加《さんか》するメンバーを招待《しょうたい》できますが、相手《あいて》にはあらかじめ許可《きょか》をもらうようにしましょう。招待《しょうたい》したい相手《あいて》への連絡方法《れんらくほうほう》は、LINE《ライン》のトークでもよいですし、実際《じっさい》に会《あ》ったときに直接伝《ちょくせつつた》えてもよいでしょう。

さらに、グループトークでのマナーもあります。複数《ふくすう》の人《ひと》が自分《じぶん》の投稿《とうこう》を読《よ》んでいることを意識《いしき》し、マナーを守《まも》って利用《りよう》しましょう。

コラム Column

LINE《ライン》の安心安全《あんしんあんぜん》ガイド

LINE《ライン》は子《こ》どもやその保護者《ほごしゃ》たちのコミュニケーションに広《ひろ》く利用《りよう》されています。学校《がっこう》や家族間《かぞくかん》の連絡《れんらく》にもLINE《ライン》が使《つか》われています。

しかし、手軽《てがる》で便利《べんり》な一方《いっぽう》で、多《おお》くの問題《もんだい》も起《お》こっています。LINE《ライン》のサービス提供会社《ていきょうがいしゃ》は、安全《あんぜん》で安心《あんしん》して使《つか》えるように、専用《せんよう》のWeb《ウェブ》サイトを用意《ようい》しています。保護者《ほごしゃ》といっしょに見《み》てみることをおすすめします。

● LINE Safety Center《ライン セーフティ センター》 : https://linecorp.com/ja/safety/

SNS《エス エヌ エス》でメッセージはいつ送《おく》ってもよいの？

夜中《よなか》にふと友達《ともだち》に伝《つた》えたいことを思《おも》い出《だ》しました。メッセージを送《おく》ってもよいのでしょうか？

相手《あいて》へのメッセージの送信《そうしん》は生活時間《せいかつじかん》を想像《そうぞう》してから送《おく》るようにしましょう。深夜《しんや》や早朝《そうちょう》は人《ひと》によっては迷惑《めいわく》になります。また、迷惑《めいわく》だけでなく、使《つか》いすぎて依存《いぞん》にならないように、あらかじめ、使《つか》う場所《ばしょ》や時間《じかん》を保護者《ほごしゃ》と一緒《いっしょ》に決《き》めましょう。

スマホにはゲームやLINE《ライン》など、とても便利《べんり》で楽《たの》しいサービスがあるので、1日中《にちじゅう》手離《てばな》せなくなるでしょう。中《なか》には依存症《いぞんしょう》になってしまう人《ひと》もいます。依存《いぞん》とは、それがないと健康的《けんこうてき》な生活《せいかつ》ができなくなる病気《びょうき》です。特《とく》にLINE《ライン》は友達《ともだち》との会話《かいわ》が手軽《てがる》に楽《たの》しめるため、依存《いぞん》になる小中学生《しょうちゅうがくせい》が多《おお》くいます。

LINE《ライン》依存《いぞん》になると、常《つね》に通知《つうち》や返事《へんじ》が気《き》になって、他《ほか》のことに集中《しゅうちゅう》できなくなります。依存《いぞん》を防《ふせ》ぐには、自分《じぶん》の部屋《へや》に持《も》ち込《こ》まない、利用時間《りようじかん》を保護者《ほごしゃ》と決《き》めるなどの対策《たいさく》が有効《ゆうこう》です。

コラム Column

デジタル・デトックス

デトックスとは、体《からだ》の中《なか》にたまった毒《どく》を排出《はいしゅつ》し、健康《けんこう》な体《からだ》を取《と》り戻《もど》すことをいいます。これに例《たと》え、スマホやパソコンなどのデジタル機器《きき》に全《まった》く触《ふ》れない期間《きかん》を作《つく》ることで、健康的《けんこうてき》な生活《せいかつ》を取《と》り戻《もど》すことをデジタル・デトックスといいます。

スマホやパソコンを365日《にち》手離《てばな》せなくなっている子《こ》どもだけでなく、大人《おとな》にもおすすめです。

さくいん

■著者プロフィール

松下 孝太郎（まつした こうたろう）
神奈川県横浜市生。
横浜国立大学大学院工学研究科人工環境システム学専攻博士後期課程修了 博士（工学）。
現在、東京情報大学《（学）東京農業大学》総合情報学部 教授。
画像処理、コンピュータグラフィックス、教育工学等の研究に従事。
教育面では、プログラミング教育、シニアへのICT教育、留学生へのICT教育等にも注力しており、サイエンスライターとしても執筆活動および講演活動を行っている。

山本 光（やまもと こう）
神奈川県横須賀市生。
横浜国立大学大学院環境情報学府情報メディア環境学専攻博士後期課程満期退学。
現在、横浜国立大学教育学部 教授。
数学教育学、離散数学、教育工学等の研究に従事。
教育面では、プログラミング教育、教員養成、著作権教育にも注力しており、
サイエンスライターとしても執筆活動および講演活動を行っている。

■ご注意
本書の内容は2020年7月時点での最新情報をもとにしています。その後、変更されたり、無くなっている可能性があります。

装丁　●羽田眞由美（株式会社ユニックス）
本文　●湯浅安恵・石堂真菜実（株式会社ユニックス）
イラスト　●花田麻緒・中田亜花音・清野郁代（株式会社ユニックス）

やさしくわかるデジタル時代《じだい》の情報《じょうほう》モラル
【④SNS《エスエヌエス》編《へん》】

2020年8月21日　初版　第1刷発行

著　者　松下　孝太郎、山本　光
発行者　片岡　巌
発行所　株式会社技術評論社
　　　　東京都新宿区市谷左内町21-13
電　話　03-3513-6150　販売促進部
　　　　03-3267-2270　書籍編集部
印刷・製本　大日本印刷株式会社

ISBN978-4-297-11419-0 C8304
Printed in Japan

●本書へのご意見、ご感想は、技術評論社ホームページ（http://gihyo.jp/）または以下の宛先へ書面にてお受けしております。電話でのお問い合わせにはお答えいたしかねますので、あらかじめご了承ください。

〒162-0846　東京都新宿区市谷左内町21－13
株式会社技術評論社書籍編集部　『やさしくわかるデジタル時代の情報モラル【④SNS編】』係
FAX：03-3267-2271